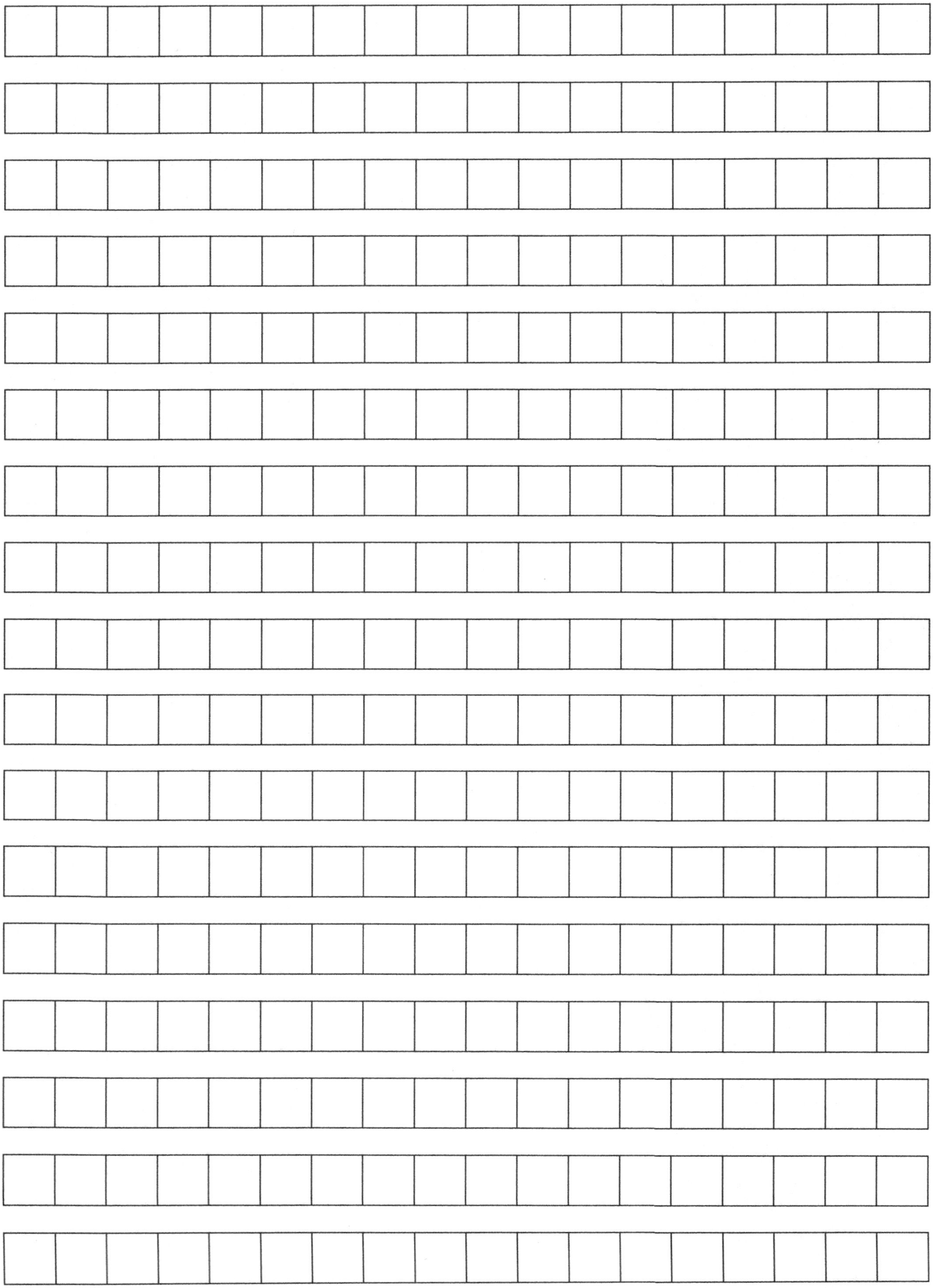

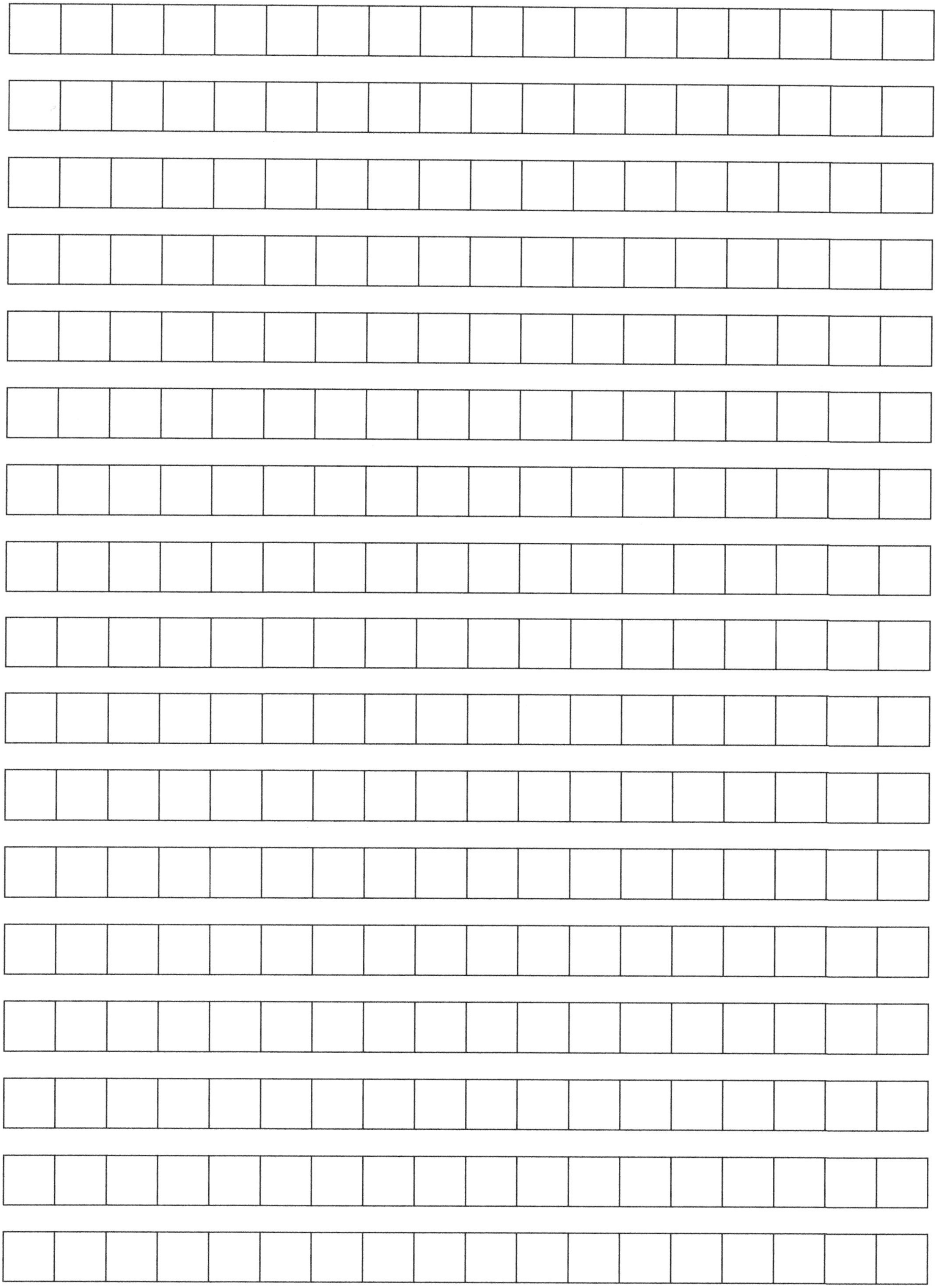

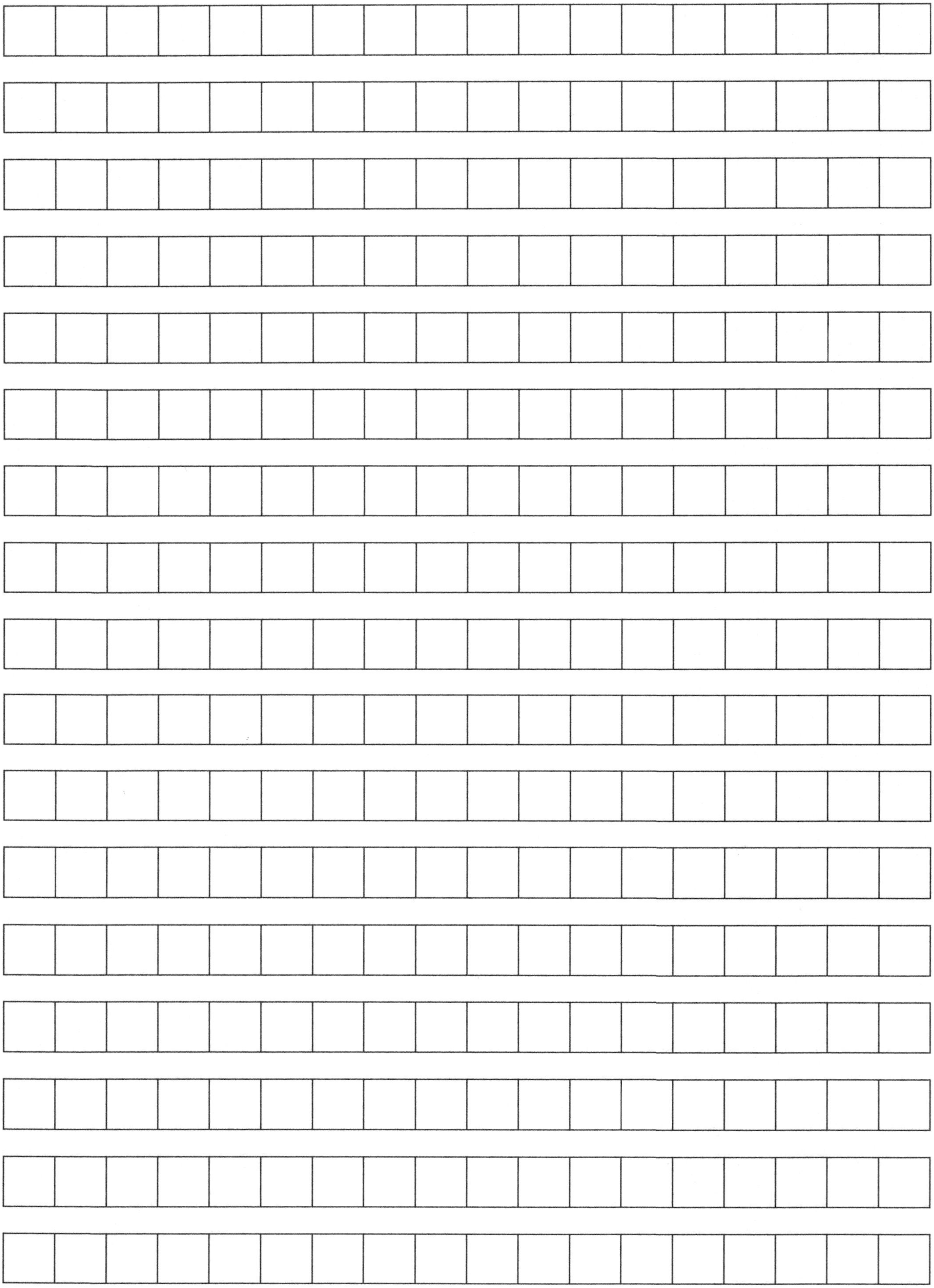

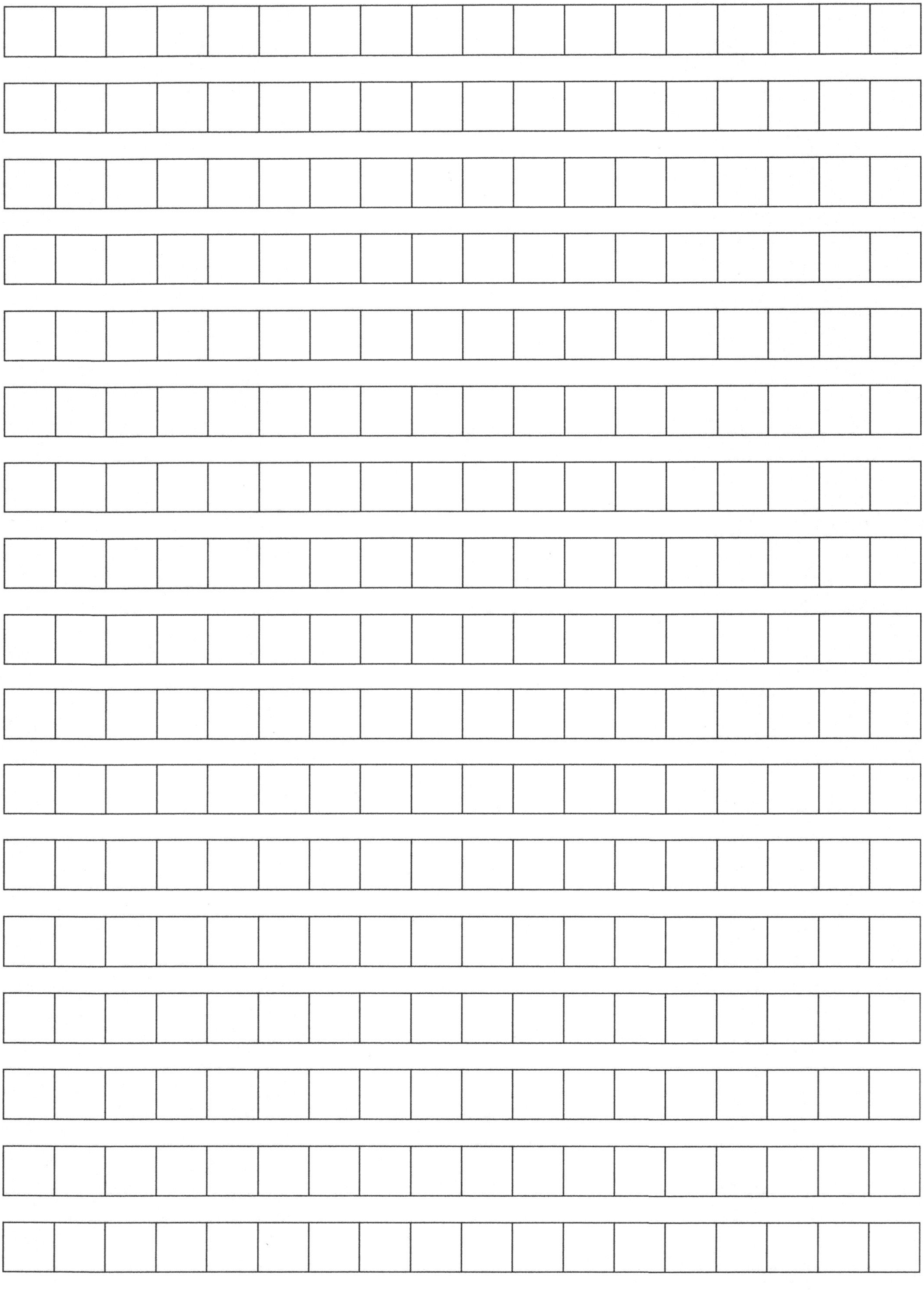

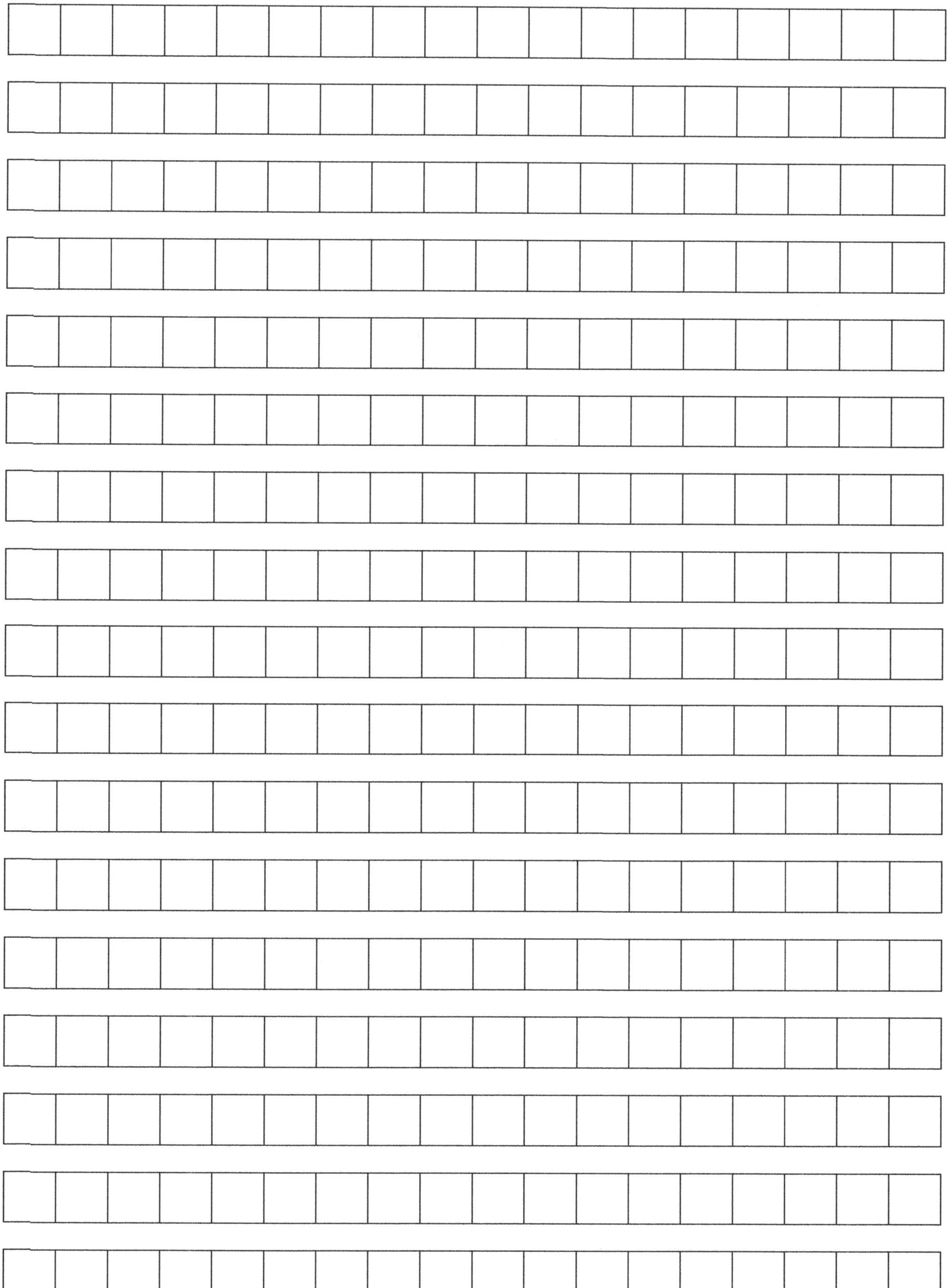